COMBINAISON FINANCIÈRE

POUR

L'EXPOSITION DE 1900

PRÉSENTÉE PAR

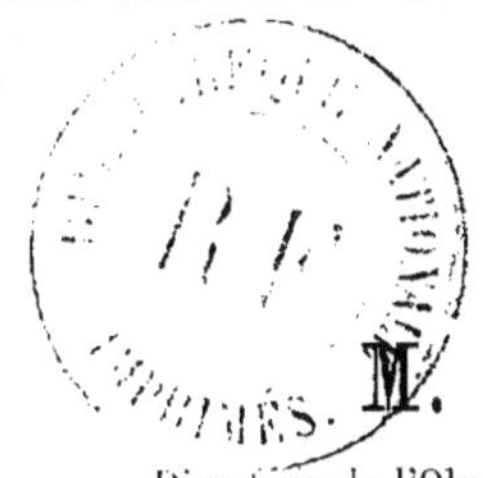

M. Joseph OLLER

Directeur de l'Olympia, du Moulin-Rouge, du Jardin de Paris
et de la Piscine Rochechouart
Créateur et Ex-Directeur du Nouveau-Cirque
Créateur et Inventeur de la Loterie dite « Agence des Poules »
et du Pari-Mutuel

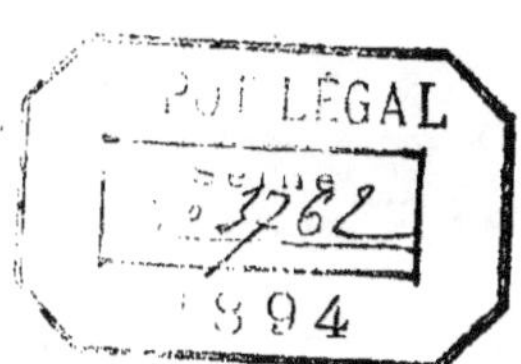

PARIS

IMPRIMERIE ET LIBRAIRIE CENTRALES DES CHEMINS DE FER

IMPRIMERIE CHAIX

SOCIÉTÉ ANONYME AU CAPITAL DE CINQ MILLIONS

Rue Bergère, 20

1894

COMBINAISON FINANCIÈRE

POUR

L'EXPOSITION DE 1900

PRÉSENTÉE PAR

M. JOSEPH OLLER

Cette combinaison doit permettre de fournir à l'Administration de l'Exposition de 1900 les ressources directes suivantes :

1º En espèces une somme de . . . . . 50 millions.
2º [1] En Tickets de voyage . . . . 1 million.
3º [1] En Tickets de dépenses . . . . . 1/2 million.

SOIT AU TOTAL. . . . . . 51 1/2 millions.

Émission dès le 1ᵉʳ mai 1896

de 1.500.000 Bons de 100 francs chaque

produisant 150 millions et représentant :

45 millions de Tickets d'entrée,
24   —   —   de voyages,
30   —   —   de dépenses.

Plus le remboursement du capital versé

Payables :
- 20 francs à la souscription ;
- 20 — à la répartition ;
- 20 — le 1ᵉʳ novembre 1896 ;
- 20 — le 1ᵉʳ mai 1897 ;
- 20 — le 1ᵉʳ novembre 1897.

---

[1] Pages 5 et 7, notes explicatives sur les Tickets de voyages et de dépenses.

Chaque Bon donnant droit au porteur :

1º Aux divers tirages de la Loterie et de la Tombola, dont les lots espèces et nature s'élèveraient à 10 millions.

2º A 30 tickets de 1 franc d'*Entrée à l'Exposition*. . . Fr.   30   »
3º A 16   —   5   —   dits *Tickets de voyages*.   80   »
4º A 20   —   1   —   dits *Tickets de dépenses*.   20   »
5º Au remboursement vers 1971 d'une somme espèces de .   100   »

Soit pour chaque bon de **100** francs une somme de Fr.   **230**   »

sans tenir compte de la valeur même du Numéro du Bon, pour sa participation aux divers tirages de la Loterie et de la Tombola.

Emploi du montant de l'émission de 150 millions.

1º A la Caisse de l'Exposition . . . . Fr.   **50** millions.
2º ¹Coût des Tickets de voyages . . . .   **58**   —
3º ¹Coût des tickets de dépenses . . . .   **27**   —
4º Montant des lots de la Loterie et de la Tombola .   **10**   —
5º En dépenses, frais, régie divers . . . .   **3**   —

TOTAL . . . . Fr.   **148** millions.
Solde disponible . . . .   **2**   —

TOTAL ÉGAL . . . Fr.   **150** millions.

Les dépenses que peuvent occasionner l'impression, la publicité, les frais divers de l'émission, sont largement comptés à 3 millions, d'autant plus que divers services pourront être faits par ceux mêmes de l'Exposition à porter sur le compte d'exploitation.

---

¹ Voir page 11 d'après quelles évaluations ces chiffres sont trouvés.

Tickets de voyages et de dépenses.

Une des principales bases sur lesquelles repose la combinaison présentée serait une entente préalable avec les Compagnies des Chemins de fer français, qui consentiraient à prendre en paiement à leurs guichets les *Tickets dits de voyages* émis, dont le montant total s'élèverait à **121** millions et l'engagement d'en accepter le remboursement par la caisse de l'Exposition, avec un rabais de 50 0/0, et d'imposer dans le Cahier des charges à tous les Concessionnaires de l'Exposition de recevoir en paiement de toute dépense faite chez eux, les *Tickets dits de dépenses* émis, dont le total s'élèverait à **30 1/2** millions et l'engagement d'en accepter le remboursement par la Caisse de l'Exposition avec un rabais de 10 0/0. Les théâtres, concerts et autres établissements analogues de Paris, qui en feraient la demande, pourront recevoir les *Tickets de dépenses*, dans les mêmes conditions.

Voies et moyens pour arriver à la réalisation de la combinaison financière.

L'émission serait faite directement par la Ville de Paris avec le concours de toutes les Caisses officielles et des Principaux Établissements de Crédit.

Il faudrait à ce moment convenir que toutes les sommes versées à la Ville de Paris resteraient dans sa caisse depuis le premier versement jusqu'en 1971, époque finale prévue pour la liquidation, et que ces sommes seraient productives d'intérêts à 3 0/0 l'an, — ce qui correspond au taux moyen net des Emprunts de la Ville de Paris.

Le montant des intérêts des **150** millions à recevoir, déduction faite des sommes à payer, suivant tableaux ci-dessous doit produire au taux de 3 0/0 une somme de **16** millions qui, ajoutée au reliquat de **2** millions laissé par l'opération, forme un total de **18** millions, somme suffisante pour fournir au même taux vers 1971, un total de **150** millions, destiné à rembourser intégralement le montant des titres émis.

Tableau des sommes à recevoir et à payer.

Sommes à recevoir :

Le 1er mai 1896. .	20 fr. par titre ou **30** millions	
Le 15 mai 1896. .	—	**30** —
Le 1er nov. 1896. .	—	**30** —
Le 1er mai 1897. .	—	**30** —
Le 1er nov. 1897. .	—	**30** —

Soit un total de . . **150** millions

dont les intérêts à 3 0/0 produiraient à fin 1900 environ, **19** millions.

Sommes à payer :

Le 1er juillet 1898, à la Caisse de l'Exposition.	**10** millions	
Le 1er juillet 1899,	— —	**10** —
Le 1er janvier 1900,	— —	**10** —
Le 1er juillet 1900,	— —	**20** —
Le 1er juillet 1899, en moyenne pour frais divers	**3** —	
Le 1er janvier 1900, en moyenne pour *Loterie* et *Tombolas*	**10** —	
Le 1er septemb. 1900, en moyenne pour *Tickets de dépenses*	**27** —	
Le 1er octobre 1900, en moyenne pour *Tickets de voyage*	**58** —	

Soit un total de. . . **148** millions

dont les intérêts à 3 0/0 coûteront à fin 1900 environ **3** millions, ce qui laisserait disponibles les **16** millions énoncés plus haut.

Notes explicatives sur les Tickets de voyages et de dépenses, les Loteries et la Tombola.

Les Compagnies de chemins de fer seraient tenues d'accepter comme monnaie courante et pour tous leurs trains (trains de plaisir exceptés) les *Tickets de voyages* émis par l'Administration de l'Exposition, en Province pour la destination de Paris seulement, à Paris pour toutes les gares des réseaux français. Le but de la combinaison étant d'amener la Province à Paris, les *Tickets de voyages* ne seraient valables que pour les billets d'aller et retour de la province sur Paris.

Ils seraient de 5 francs chaque et les Compagnies ne seraient pas tenues de rendre une soulte espèces sur la vente d'un ou plusieurs billets dont le total ne formerait pas un multiple de 5 francs, les voyageurs auraient au contraire à parfaire la différence en monnaie.

L'avantage pour les Compagnies, serait qu'elles recevraient environ 5 0/0 du montant des voyages en numéraire de sorte que le remboursement des *Tickets de voyages* devant leur faire rentrer **58** millions, elles recevraient en outre des mêmes voyageurs près de **6** millions en numéraire, soit un total de **64** millions, ce qui sur l'ensemble ne constituerait sur les tarifs qu'un rabais effectif de 45 0/0 environ, au lieu de 60 0/0 environ demandé aux Compagnies par la combinaison présentée par M. Ed. Théry.

Les *Tickets de voyages* devraient être reçus par les Compagnies durant l'année 1900 en province, un mois avant l'ouverture de l'Exposition et jusqu'au jour de la fermeture; et à Paris du jour de l'ouverture de l'Exposition et un mois encore après la fermeture.

Le remboursement des *Tickets de voyages* aux Compagnies de chemins de fer auraient lieu en espèces, sous déduction de 50 0/0 à la caisse de la Ville de Paris, les 25 juillet, 25 octobre et 25 décembre 1900.

L'idée de créer également des *Tickets de dépenses*, sur lesquels les concessionnaires et autres adhérents subiraient un rabais de 10 0/0, ne peut faire baisser le prix des concessions, les susdits devront accepter lesdits *Tickets de dépenses* pendant la durée de l'Exposition au pair, sans être tenus de rendre une soulte. La faculté pour le public de dépenser ce Papier-monnaie augmenterait leurs recettes. Le remboursement de ces *Tickets de dépenses* serait fait le lundi de chaque semaine, à une caisse située dans l'Exposition même, sous la déduction de 10 0/0. Lesdits *Tickets* seront comptés à leur montant net, soit à raison de 0 fr. 90 c., vis-à-vis de l'Administration de l'Exposition ou de l'Assistance publique, pour les cas de redevances à payer à l'une de ces administrations sur le montant des recettes.

Les *Tickets de dépenses*, imposés dans toute l'Exposition, même pour les moyens de transport intérieur, devraient être acceptés par la *Tour Eiffel*.

D'ailleurs, il est à supposer que les projets du concours viendront modifier la *Tour Eiffel*, dont l'Exploitation changera, surtout si l'on ne maintient que la première Plate-forme, sur laquelle, en comblant le vide actuel, on pourrait construire un Palais de fêtes; cette première Plate-forme pourrait être reliée par plusieurs voies aériennes à forte pente, venant des diverses extrémités de l'Exposition et permettrait avec le maintien des ascenseurs actuels, d'amener plus facilement qu'en 1889 environ 60.000 visiteurs par jour.

La loterie des *Bons de l'Exposition* de 1900 comprendrait cinq tirages ayant droit à des lots pour une somme de **9** millions de francs en espèces et un tirage ayant droit à des objets acquis à l'Exposition d'une valeur de **1** million de francs.

Les tirages des lots en espèces auraient lieu :

le 1er le 15 décembre 1897 avec 1 million de francs de lots, suivant tableau A
  2e — 15 — 1898 — 1   —   — A
  3e — 15 — 1899 — 2   —   — B
  4e — 15 mai 1900 — 3   —   — C
  5e — 31 août 1900 — 2   —   — B

SOIT UN TOTAL DE **9** millions de francs.

En 1889 il a été créé très tardivement une Tombola de **15** millions de billets à un franc, sur lesquels **2** millions seulement ont été vendus. Le produit de cette tombola a servi à faire venir à l'Exposition diverses Corporations ouvrières ou autres et à leur donner des Subventions en espèces.

D'après la combinaison financière présente, l'Administration de l'Exposition disposerait de **1** million de francs en *Tickets de voyages*, et de **1/2** million de francs en *Tickets de dépenses*, qu'elle pourrait remettre aux Sociétés ouvrières ou autres qu'elle voudra convier à l'Exposition ; elle disposerait, en outre, d'après un tableau de budget général énoncé plus loin, de **750.000** francs espèces, ce qui lui permettrait avec cet ensemble de ressources s'élevant à **2.250.000** francs à venir en aide plus largement qu'en 1889 aux diverses Sociétés et Corporations civiles et militaires que l'Administration de l'Exposition jugerait dignes de sa sollicitude, sans avoir besoin de créer une *Tombola* spéciale, ce qui éviterait au public une obsession qui ne lui était pas toujours agréable.

Les *Bons d'Exposition*, dont les numéros ne seraient pas sortis aux Tirages financiers, concourront naturellement au tirage de la Tombola, qui comprendra pour **1** million de francs d'objets achetés, comme en 1889, dans l'Exposition, par une commission spéciale, indépendamment des Dons en nature qui seront vraisemblablement faits par les exposants.

Le tirage de la Tombola aurait lieu le 15 octobre 1900 et, après délivrance du lot, le Bon n'en resterait pas moins aux mains du titulaire pour le remboursement intégral du titre de **100** francs.

Les lots de la Tombola non réclamés dans les trois mois du tirage seraient vendus au profit de l'Assistance publique.

Tableau des lots espèces de la loterie.

A		B		C	
1 gros lot de. Fr.	500.000	1 gros lot de. Fr.	1.000.000	1 gros lot de Fr.	1.500.000
2 approximations		2 approximations		2 approximations	
de 20.000 (*) .	40.000	de 40.000 . . .	80.000	de 70.000 . .	140.000
1 lot de.	250.000	1 lot de	500.000	1 lot de. . . .	750.000
2 approximations		2 approximations		2 approximations	
de 10.000 . .	20.000	de 20.000. . .	40.000	de 25.000 . .	50.000
2 lots de 50.000.	100.000	1 lot de	150.000	1 lot de. . . .	200.000
1 lot de	25.000	1 —	80.000	2 lots de 100.000	200.000
1 —	10.000	1 —	50.000	1 lot de. . . .	50.000
1 — . . .	10.000	1 —	25.000	1 — . . .	25.000
1 — . . .	5.000	1 —	10.000	1 — . . .	10.000
50 lots de 1.000.	50.000	1 —	5.000	1 — . . .	5.000
		60 lots de 1.000.	60.000	70 lots de 1.000	70.000
	1.000.000		**2.000.000**		**3.000.000**

(*) On entend par n⁰ˢ d'approximation, les voisins des n⁰ˢ gagnants les Gros Lots.

Époque de la liquidation finale vers 1971.

La date exacte du remboursement final, ne peut être fixée qu'après le remboursement des *Tickets de voyages et de dépenses*, qui certes ne seront pas tous employés. Dans les calculs qui précèdent, il est tenu compte d'une perte d'environ 4 0/0 sur les *Tickets de voyages* soit sur **121** millions d'émis, **116** millions de représentés, qui, remboursés sous déduction de 50 0/0, représentent **58** millions et de 2 0/0 environ sur les *Tickets de dépenses*, soit sur **30 1/2** millions d'émis, **30** millions de représentés, qui remboursés sous déduction de 10 0/0, représentent **27** millions, évaluations très modérées si on calcule que les pertes sur les *Tickets d'entrée* non employés en 1889 ont été de près de 6 0/0. Donc le plus ou moins grand nombre de *Tickets de voyages et de dépenses* employé peut retarder ou avancer la date de 1971, prévue pour celle de la liquidation finale.

Cinq ans après les époques fixées, soit pour le paiement des lots en espèces, ou le remboursement de la somme de **100** francs par titre, il y aurait prescription et les sommes non réclamées seraient acquises à la Ville de Paris, ce qui augmenterait d'autant son bénéfice.

Budget de l'Exposition en 1900, comparé avec celui de 1889.

La Combinaison Financière présentée permettrait à l'Administration de l'Exposition de faire grand, d'entreprendre par la même occasion des travaux de voirie, dont Paris profiterait après l'Exposition et d'établir son Budget, comme suit en ne demandant pour subvention que **18** millions à l'État et à la Ville au lieu de 25 millions en 1889.

RECETTES

	1889	1900
	fr. c.	fr. c.
Entrées	21.583.547 16	50.000.000
Concessions .	2.387.997 40	2.500.000
Matériaux . .	1.030.617 36	1.500.000
Subv. Ville .	8.000.000 »	6.000.000
— État . .	17 000.000 »	12.000.000
Total des recettes.	50.002.161 92	(*) 72.000.000

(*). — Indépendamment du 1 million 1/2 de francs en *Tickets de voyages et de dépenses.*

DÉPENSES

	1889	1900
	fr. c.	fr. c.
Travaux . . .	30.828.368 05	50.000.000
Administration. .	3.792.007 49	4.000.000
Exploitation .	4.008.627 58	5.000.000
Éclairage électrique (A) .	1.800.000 »	2.000.600
Subventions (B) .	263.317 05	1.000.000
Opérations de Voirie (C) .	6.000.000 »	7.000.000
Total des dépenses.	46.692.320 17	69.000.000
Excédent . . .	3 399.841 75	3.000.000
TOTAL. . .	50.002.161 92	72.000.000

A. — Dans la subvention donnée au Syndicat électrique, pour l'éclairage de l'Exposition, il faudrait fixer le tarif maxima pour les exposants et les concessionnaires à 6 centimes l'hecto-wat-heure.

B. — Les subventions pour 1900 comprendraient : 1° 250.000 francs pour médailles ; 2° 750.000 francs en espèces pour venir en aide aux diverses Sociétés Corporations civiles et militaires, que l'Administration de l'Exposition inviterait.

C. Les opérations de Voirie de 1889 ont compris le Champ de manœuvre d'Issy ; celles de 1900 comprendraient deux ponts sur la Seine et une large voie nouvelle reliant le centre de l'Esplanade des Invalides au centre du Champ de Mars.

En résumé, les avantages de la combinaison financière présentée seraient :

1º Pour l'État, une économie de subvention de. . .   **5** millions
(12 millions en 1900 au lieu de 17 millions en 1889).

2º Pour la Ville de Paris, une économie de subvention de. . . . .   **2** —
(6 millions en 1900 au lieu de 8 millions en 1889). Des travaux de voirie exécutés pour une valeur de. . . . .   **7** —

3º Pour l'Administration de l'Exposition un budget de recettes de. . . . .   **73 1/2**—
au lieu de 50 millions en 1889 et aucune participation onéreuse dans le montant des lots de la Loterie et de la Tombola.

4º Pour les Compagnies de chemins de fer, une recette assurée de. . . . .   **64** —
en ne leur demandant qu'un rabais de 45 0/0 sur leurs tarifs ordinaires.

5º Pour les Concessionnaires et adhérents une recette d'environ de. . . . .   **30** —
représentée par les *Tickets de dépenses*.

6º Pour les Souscripteurs de l'Émission, un boni sur les fonds versés de. . . . .   **195** —
chaque bon de **100** francs représentant **230** francs en tickets et espèces), plus les chances aux tirages des Loteries et Tombolas d'une valeur de. . . . .   **10** —

Joseph OLLER
Directeur de l'Olympia, du Moulin-Rouge, du Jardin de Paris
et de la Piscine Rochechouart
Créateur et Ex-Directeur du Nouveau-Cirque
Créateur et Inventeur de la Loterie dite « Agence des Poules »
et du Pari-Mutuel

Paris, le 20 août 1894.

2, rue Caumartin.

IMPRIMERIE CHAIX, RUE BERGÈRE, 20, PARIS. — 16344-8-94. — (Encre Lorilleux).